KINDERSCHMINKEN
SCHRITT FÜR SCHRITT

Inhalt

Farben und Zubehör	2
Sicherheitshinweise	3
Schminktipps	4
Regenbogen	6
Superheld	8
Mehr Superhelden	9
Blumen	10
Gruseliger Totenkopf	12
Niedlicher Totenkopf	13
Fledermaus	14
Hexe	15
Roboter	16
Einhorn	17
Katze	18
Hund	19
Pirat	20
Hai	21
Panda	22
Tiger	23
Schmetterling	24
Andere Tierchen	25
Rakete	26
Außerirdischer	27
Eule	28
Dinosaurier	29
Eiskristalle	30
Rentier	31
Galerie der Motive	32

Auf dieser Seite findest du eine Übersicht aller Schminkmotive, damit du leichter auswählen kannst.

Herzlichen Dank an alle Kinder, die in diesem Buch abgebildet sind, und an ihre Familien, die die Kinder geschminkt und fotografiert haben.

Text: Abigail Wheatley
Gestaltung: Laura Wood
Illustrationen: Ciara Ní Dhuinn

Schminkberatung: Kate Kirven
Beratung zu Diversität: Show Racism the Red Card
Digitale Bildbearbeitung: John Russell

Farben und Zubehör

Auf diesen Seiten erfährst du, was du wissen musst, bevor du mit dem Schminken loslegst. Lies nach, welche Schminkfarben, Pinsel und Schwämme es gibt und wie du sie richtig verwendest und pflegst.

Schminkfarben auswählen

Für die Motive in diesem Buch werden wasserlösliche Schminkfarben verwendet, die in einzelnen Töpfchen oder Paletten erhältlich sind. Es gibt verschiedene Sorten, auch hautfreundliche Bio-Schminke mit natürlichen Inhaltsstoffen.

Pinsel

Am besten verwendest du viele verschieden geformte Pinsel. Für große Flächen eignet sich ein breiter, flacher Pinsel. Für dünne Linien eignet sich ein feiner Pinsel mit einer Spitze. Für Schnörkel und Blütenblätter brauchst du einen mitteldicken, spitzen Pinsel. Die Anleitungen erklären dir genau, wofür du welchen Pinsel verwenden solltest.

Glitzer

Es gibt viele verschiedene Arten von Glitzer für die Haut, von denen einige biologisch abbaubar und somit umweltfreundlich sind. Verwende niemals normalen Bastelglitzer. Glitzerprodukte für die Haut eignen sich nicht für kleine Kinder, da der Glitzer durch Reiben in die Augen gelangen kann. Stattdessen kannst du Schminkfarben mit Perlglanz-Effekt verwenden oder Funkelsterne aufmalen. Die Anleitung dafür findest du auf Seite 11.

Schwämme

Schwämme eignen sich gut für das Auftragen großflächiger Motive, wie etwa Flügel. Wähle spezielle Make-up-Schwämme oder andere feinporige Schwämme. Auf Seite 5 erfährst du, wie du sie am besten verwendest.

Sauberkeit

Stelle mehrere Gläser mit frischem Wasser bereit, um die Pinsel auszuwaschen, bevor du eine neue Farbe verwendest oder ein anderes Gesicht schminkst. Trockne die Pinsel mit alten, sauberen Handtüchern ab. Wenn du dich vermalt hast, kannst du die Farbe mit einem Küchenpapier oder einem sauberen feuchten Lappen abtupfen.

Sicherheitshinweise

Hygienehinweise

Kaufe zum Schminken von Gesichtern neue Pinsel und Schwämme. Sie müssen nicht teuer sein. Es gibt oft günstige Sets mit mehreren Bastelpinseln oder Babyschwämmen.

Wasche deine Hände, bevor du mit dem Schminken anfängst. Wasche die Pinsel zwischendurch gründlich in sauberem Wasser aus, wenn du mehrere Gesichter schminkst. Schwämme kannst du in einem Wäschenetz bei 60 °C in der Waschmaschine waschen.

Bei Hautallergien solltest du die Inhaltsstoffe der Schminkfarben sorgfältig prüfen. Wasche bei Anzeichen von Hautreizungen die Farbe umgehend ab. Folge immer den Sicherheitshinweisen des Herstellers.

Bequeme Sitzposition

Stelle zwei Stühle gegenüber auf: einen für die Person, die geschminkt wird, und einen für die Person, die schminkt. Beim Schminken ist es hilfreich, die Hand, die du nicht zum Malen brauchst, auf dem Kopf deines Modells abzulegen, um dessen Kopf stillzuhalten.

Augen

Wenn du den Bereich um die Augen oder die Augenlider schminkst, bitte dein Modell, die Augen zu schließen. Bei kleineren Kindern solltest du nicht zu nah an den Augen malen und keinen Glitzer verwenden, damit beim Reiben nichts in die Augen gelangt.

Abschminken

Wasserlösliche Schminkfarbe lässt sich mit Wasser und milder Flüssigseife abwaschen oder mit einem Feuchttuch abwischen. Lass die Schminke nicht zu lange auf der Haut, um eventuelle Hautreaktionen zu vermeiden.

Schminktipps

Schminken mit einem Pinsel

1. Halte den Pinsel wie einen Stift in der Hand. Tauche die Pinselspitze in sauberes Wasser.

2. Rühre mit dem feuchten Pinsel eine gleichmäßige, weiche Farbmasse an.

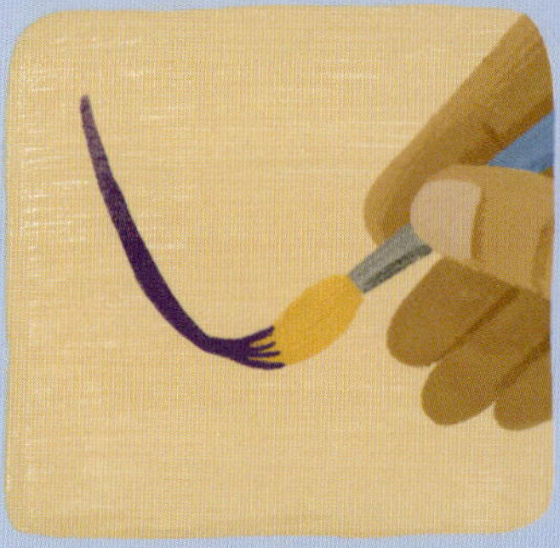

3. Male eine Linie. Die Farbe sollte sich leicht aufmalen lassen. Wenn die Farbe zu flüssig ist, kannst du etwas Wasser mit einem Papiertuch absaugen. Ist die Farbe zu fest, füge mehr Wasser hinzu.

Pinseltechniken

1. Für eine ruhigere Hand, stütze deinen kleinen Finger auf dem Gesicht des Modells ab.

2. Male eine Linie, ohne den Pinsel abzusetzen. Halte den Pinsel dabei schräg.

Denk daran ...

Wasche deinen Pinsel aus, wenn du eine neue Farbe verwendest. Lass die Schminke gut trocknen, bevor du mit einem anderen Farbton darübermalst. Bevor du etwas mit dem Pinsel aufmalst, kannst du zunächst mit einem Schwamm eine kräftige Farbe auf das ganze Gesicht auftragen. So entsteht ein klarer Kontrast zu den Motiven, die nur einen Teil des Gesichts bedecken.

Farbtöne auswählen

Manche Schminkfarbtöne wirken je nach Hautton deines Schminkmodells ganz unterschiedlich. Die Anleitungen in diesem Buch und die jeweiligen Vorschläge für bestimmte Farben sind nur ein Leitfaden. Du kannst natürlich auch dunklere oder hellere Farben auswählen.

Jeder Farbton wird heller, wenn du ihn mit Weiß mischst.

Verschiedene Pinseltechniken für Blütenblätter und Punkte findest du auf Seite 11.

Schminken mit einem Schwamm

1. Tauche einen Schwamm in Wasser und drücke dann wieder so viel Wasser aus, wie du kannst. Nimm mit kreisenden Bewegungen Schminkfarbe auf.

2. Tupfe den Schwamm leicht auf das Gesicht. Für eine größere Fläche tupfst du so lange Farbe auf, bis der gewünschte Bereich bedeckt ist.

Schwammformen

Um Flügelformen ganz einfach aufzutragen, kaufst du am besten einen tropfenförmigen Schwamm. Du kannst dir auch deinen eigenen Schwamm zurechtschneiden. Für das Schminken von Kindern sollte der Schwamm ungefähr 4 cm lang sein, für Erwachsene ungefähr 6 cm. Zum Auftragen folge den Anweisungen unten.

Flügel oder Dreiecke mit einem Schwamm aufmalen

1. Halte den tropfenförmigen Schwamm an das Gesicht. Ziehe das breite Ende des Schwamms nach oben oder unten, je nach gewünschter Form.

2. Setze den Schwamm wie oben gezeigt unter den Augen auf. Mit der Spitze des Schwamms kannst du danach Farbe zwischen Auge und Nase auftragen.

Farben mischen

Für verschiedene Farbtöne kannst du Schminkfarben mischen. Verwende dafür einen alten, sauberen Teller.

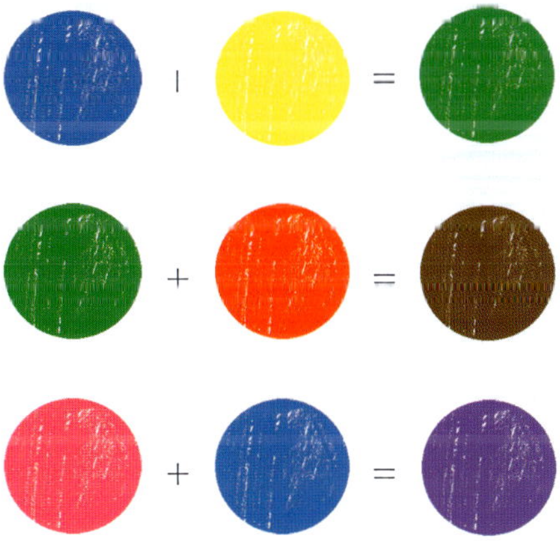

Regenbogen

Du brauchst diese Farben:

1 Male zuerst den Regenbogen. Eine genaue Anleitung findest du auf der rechten Seite. Beginne in der Mitte der Stirn. Ziehe Bögen über das Auge bis hinunter zur Wange.

2 Male an den Enden des Regenbogens weiße Wolken. Warte, bis die Farben trocken sind, damit sie sich nicht mit dem Weiß vermischen. Male dann noch einmal mit Weiß über die Wolken.

3 Wenn du willst, kannst du weitere kleine Wolken, Vögel, Regentropfen oder Funkelsterne ergänzen.

4 Du kannst mit dem Finger auch etwas Glitzer auf die Wolken tupfen. Der Glitzer bleibt auf der feuchten Farbe kleben.

Wunderschöne Regenbögen

1. Ziehe mit gelber Farbe einen geschwungenen Bogen, der zum Ende hin breiter wird. Male darunter mit grüner Farbe einen ähnlichen Bogen.

2. Male unter den grünen Bogen einen blauen Bogen, dann einen dunkelblauen und violetten Bogen.

3. Male über den gelben Bogen einen orangefarbenen und dann einen roten Bogen. Die Enden der Bögen müssen nicht perfekt aussehen. Sie verschwinden später unter den weißen Wolken.

4. Wenn der Regenbogen getrocknet ist, kannst du mit einem sauberen, feuchten Pinsel über die Verbindungen zwischen den verschiedenen Farbtönen streichen, damit sie etwas ineinander übergehen.

Wolken

Nimm mit deinem Pinsel viel weiße Farbe auf. Male eine gerade Linie für die Unterseite der Wolke.

Male dann eine gewellte Linie für die Oberseite der Wolke. Die Bögen müssen nicht gleichmäßig sein.

Male das Innere der Wolke mit weißer Farbe aus, wenn die Außenlinien trocken sind.

Weitere Formen

Vögel

Für Regentropfen nimmst du einen spitzen Pinsel und hälst ihn schräg nach unten. Setze ihn zuerst mit der Spitze auf und dann mit dem unteren Teil des Pinselkopfs. Hebe dann den ganzen Pinsel nach oben weg.

Punkte

Auf Seite 11 findest du die Anleitungen.

Funkelsterne

Superheld

1 Nimm mit einem Pinsel viel blaue Farbe auf. Male eine blaue Maske um die Augen. Der obere Rand sollte gerade bis über die Augenbrauen reichen. Warte, bis die Farbe vollständig getrocknet ist.

2 Nimm mit einem feinen Pinsel rote Farbe auf. Male jeweils ein Dreieck oberhalb der Augenbrauen. Versuche dabei, nicht über die blaue Farbe zu malen.

Du brauchst diese Farben:

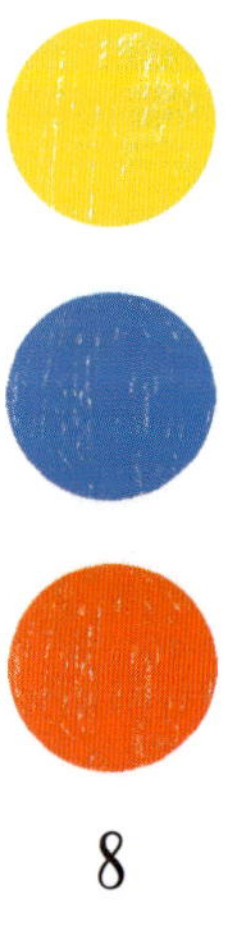

3 Wenn die rote Farbe trocken ist, nimm mit einem feinen Pinsel gelbe Farbe auf. Male in der Mitte der Stirn ein Dreieck, dessen Spitze nach unten zur Nase zeigt.

4 Male dann zwei kleine Dreiecke, deren Spitzen nach oben zeigen, auf das große Dreieck. Wenn die gelbe Farbe trocken ist, umrande die Form mit blauer Farbe.

Mehr Superhelden

Male einen roten Kreis in die Mitte der Stirn. Wenn die Farbe trocken ist, malst du einen gelben Blitz in den Kreis. Male eine blaue Maske um die Augen.

Male eine rote Raute in die Mitte der Stirn und ein rotes Band quer über die Stirn. Wenn die Farbe trocken ist, fügst du feine gelbe Linien und einen Stern hinzu.

Male eine gelbe Form (wie abgebildet) über die Stirn, an den Schläfen hinunter und über die Wangen. Male die Stirnmitte blau. Wenn die Farbe trocken ist, fügst du einen gelben Buchstaben hinzu.

Male einen gelben Blitz schräg über ein Auge. Male eine Zickzacklinie schräg über das Gesicht und male den oberen Bereich blau aus. Umrande den gelben Blitz mit einer feinen roten Linie.

Male ein gelbes Oval auf den oberen Teil der Nase und die Stirn. Male eine rote Maske um das Oval und um die Augen, sobald die Farbe trocken ist. Füge nach unten zeigende Bögen hinzu.

Male eine blaue Maske um die Augen. Füge rote Flammenformen hinzu, wenn die Farbe trocken ist. Die eine Flamme züngelt schräg nach oben, die andere schräg nach unten.

Blumen

1 Folge den Anleitungen rechts für zweifarbige Blütenblätter. Tauche die Pinselspitze zuerst in orange und dann in rote Farbe.

2 Nimm mit einem feinen, spitzen Pinsel gelbe Farbe auf. Setze ihn so auf wie zuvor, sodass vier halbe Blüten entstehen, wie abgebildet.

3 Nimm mit einem weiteren spitzen Pinsel grüne Farbe auf. Folge den Anleitungen rechts und male einige Blätter um die Blüten, wie abgebildet.

Du brauchst diese Farben:

4 Male nun mit grüner Farbe dünne Linien und Schnörkel für Stiele und Ranken neben die Blätter.

5 Nimm mit einem feinen Pinsel weiße Farbe auf. Folge den Anweisungen rechts und male weiße Punkte in die Mitte der Blüten und um die Motive herum.

Zweifarbige Blütenblätter

1. Feuchte eine helle Farbe an und rühre mit dem Pinsel eine weiche, gleichmäßige Farbmasse an. Nimm reichlich Farbe auf.

2. Wische nur die Pinselspitze an einem Papiertuch sauber. Tauche die Spitze dann in eine dunklere Farbe.

3. Setze zuerst die Pinselspitze auf das Gesicht auf. Drücke dann den unteren Teil des Pinselkopfs auf. Hebe den ganzen Pinsel vorsichtig wieder weg.

4. Füge weitere Blütenblätter hinzu. Sollte der Pinsel nicht mehr genug Farbe haben, wische ihn mit einem feuchten Tuch sauber und nimm erneut Farbe auf.

Funkelsterne

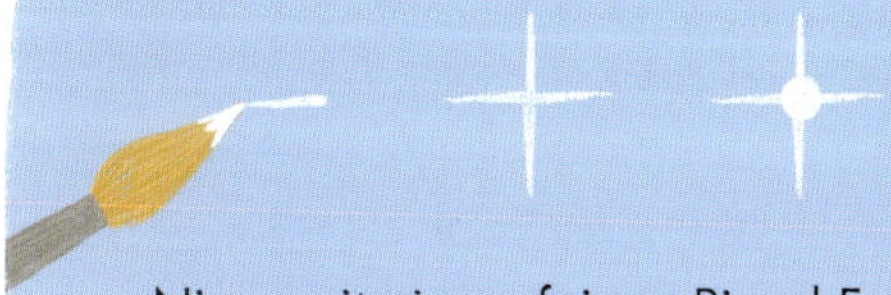

Nimm mit einem feinen Pinsel Farbe auf. Male vier Linien im rechten Winkel zueinander. Beginne jeweils in der Mitte mit der Linie und drücke zum Ende hin weniger fest auf. Setze mit der Pinselspitze einen Punkt in die Mitte (wie unten beschrieben).

Blätter

Male diese Blätter in der gleichen Weise wie die Blütenblätter oben. Du kannst ein oder zwei Grüntöne verwenden.

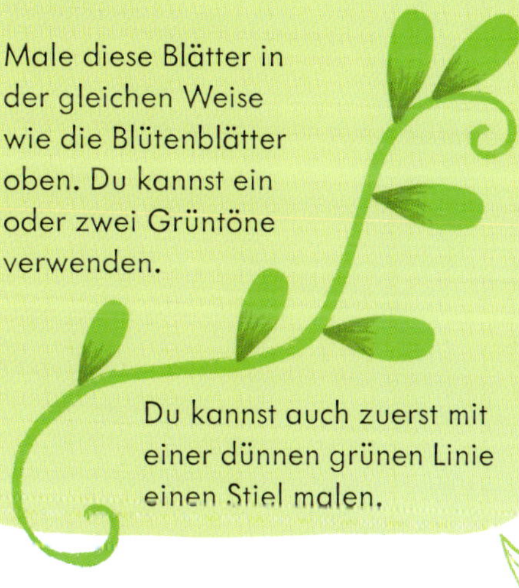

Du kannst auch zuerst mit einer dünnen grünen Linie einen Stiel malen.

Punkte

Zum Malen von Punkten brauchst du recht flüssige, aber nicht zu wässrige Farbe. Nimm mit einem feinen Pinsel reichlich Farbe auf. Tupfe die Pinselspitze vorsichtig auf, sodass ein Punkt entsteht.

Für größere Punkte musst du fester aufdrücken.

Male Kreise oder Schnörkel aus Punkten.

Ordne die Punkte in Reihen oder Gruppen an.

Kombiniere verschiedene Farben.

Gruseliger Totenkopf

1 Trage mit einem Schwamm weiße Farbe auf das Gesicht auf, wie abgebildet. Die Farbe reicht dabei bis kurz unterhalb von Wangenknochen und Mund.

2 Male mit einem Schwamm oder Pinsel jeweils einen schwarzen Kreis um Augen und Augenbrauen, wie abgebildet.

Du brauchst diese Farben:

3 Nimm mit einem spitzen Pinsel schwarze Farbe auf. Drücke ihn seitlich auf die Nase (wie bei den Blütenblättern auf Seite 11) und verlängere die Form nach oben hin.

4 Nimm weitere schwarze Farbe auf. Male eine Linie quer über den Mund und dann einige senkrechte Linien über die Mittellinie. Male anschließend eine gezackte Linie über ein Auge.

Niedlicher Totenkopf

1 Trage mit einem Schwamm weiße Farbe in einem großen Oval auf das Gesicht auf. Spare die Augen und Augenbrauen sowie die Lippen aus. Warte, bis die Farbe gut getrocknet ist.

2 Folge den Anleitungen auf Seite 11 zum Malen von Blütenblättern. Nimm mit einem spitzen Pinsel hellviolette Farbe auf und tauche die Spitze in dunkelviolette Farbe. Male Blätterformen um die Augen.

3 Nimm mit einem spitzen Pinsel rote Farbe auf und tauche die Spitze in violette Farbe. Setze den Pinsel dreimal seitlich auf der Stirn auf und dreimal auf dem Kinn, wie abgebildet.

4 Nimm mit einem spitzen Pinsel schwarze Farbe auf. Drücke den Pinsel seitlich auf die Nase, wie zum Malen von zwei Blütenblättern. Ziehe dann eine Linie von den Blätterformen nach oben.

5 Nimm mit einem feinen Pinsel violette Farbe auf. Ziehe eine geschwungene Linie von den Mundwinkeln aus nach außen. Male dann mit Schwarz einige senkrechte Linien darüber.

Fledermaus

1 Nimm mit einem feinen Pinsel schwarze Farbe auf. Ziehe eine Linie vom Punkt zwischen den Augenbrauen oberhalb einer Braue entlang und lass die Linie nach oben auslaufen.

2 Male einen Bogen quer über die Nasenmitte. Füge zwei weitere Bögen hinzu, die schräg über die Wange nach unten gehen. Ziehe eine Linie nach oben bis zur Linie über der Augenbraue.

3 Male die gleichen Linien auf der anderen Seite des Gesichts. Ziehe eine mandelförmige Linie um jedes Auge.

4 Nimm mit einem dicken Pinsel schwarze Farbe auf. Male den Bereich zwischen den Außenrändern und den Linien um die Augen aus. Warte, bis die Farbe vollständig trocken ist.

5 Nimm mit einem feinen Pinsel violette Farbe auf. Tupfe mit der Pinselspitze jeweils zwei gepunktete Linien von der oberen Ecke bis zu den Augen. Führe die Punkte unter den Augen weiter.

Hexe

1 Trage mit einem Schwamm grüne Farbe auf das Gesicht auf. Spare die Lippen und den Bereich zwischen Augen und Augenbrauen aus. Lass die Farbe trocknen.

2 Trage mit einem Schwamm violette Farbe über den Augen auf. Male die Lippen ebenfalls violett. Male nicht über die grüne Farbe, sonst entsteht ein Braunton.

3 Male mit einem feinen Pinsel einen schwarzen Bogen entlang der Augenbrauen. Füge nach oben zeigende Bogenlinien hinzu. Male mit der Pinselspitze kleine Punkte auf die Nase.

Du brauchst diese Farben:

4 Male nun eine schwarze senkrechte Linie vom äußeren Augenwinkel nach unten. Füge große Bögen von der Nase nach außen über die andere Wange hinzu, wie abgebildet.

5 Male einen schwarzen Kreis ans Ende der senkrechten Linie. Füge acht Beinchen hinzu. Ziehe zwischen den großen Bögen dünne Linien, wie bei einem Spinnennetz.

Roboter

1 Nimm mit einem Schwamm oder einem breiten Pinsel blaugrüne Farbe oder Perlglanzfarbe auf. Male ein großes Rechteck, das von der unteren Hälfte der Stirn bis kurz unter die Nase reicht.

2 Male dann ein kleineres Rechteck über Mund und Kinn. Ziehe mit einem feinen Pinsel und derselben Farbe jeweils eine Linie von den oberen Ecken des Rechtecks nach oben.

3 Wenn die Farbe trocken ist, nimm mit einem feinen Pinsel weiße Farbe auf. Male ein Dreieck auf die Nase. Ziehe eine Linie nach oben und male darüber einen Halbkreis. Füge Seitenlinien hinzu.

4 Male mit der Pinselspitze Reihen von kleinen weißen Punkten (siehe Seite 11), wie hier abgebildet.

5 Nimm mit einem feinen Pinsel gelbe Farbe auf und male Punkte an die Enden der Antennen. Ziehe über dem weißen Halbkreis einen Bogen. Male dann kleine senkrechte Striche oberhalb des Bogens.

Einhorn

1 Male mit einem Schwamm weiße Flügel (siehe Seite 5). Male mit einem mitteldicken, spitzen Pinsel eine weiße längliche Schnauze auf die Stirn. Füge als Ohr eine Blütenblattform hinzu (Seite 11).

2 Lass die Farbe trocknen. Male mit einem feinen Pinsel ein gelbes Horn und lass die Farbe trocknen. Füge mit einem spitzen Pinsel eine rosafarbene Mähne hinzu.

3 Lass die Farbe trocknen. Male mit einem feinen Pinsel violette Punkte für Nüster und Auge. Füge über dem Auge eine Braue hinzu. Male Wellenlinien in die Mähne.

Du brauchst diese Farben:

4 Füge mit einem mitteldicken, spitzen Pinsel an den oberen Enden der Flügel violette Linien hinzu. Ziehe den Pinsel von oben nach unten. Drücke am Anfang fester auf und verringere den Druck zum Ende hin.

5 Male Linien in die unteren Flügel. Ziehe den Pinsel von oben nach unten. Drücke am Anfang der Linie weniger fest auf und verstärke den Druck dann. Füge Punkte und Funkelsterne hinzu.

Katze

1 Nimm mit einem spitzen Pinsel weiße Farbe auf. Male über beide Augenbrauen ein weißes Dreieck, wie abgebildet.

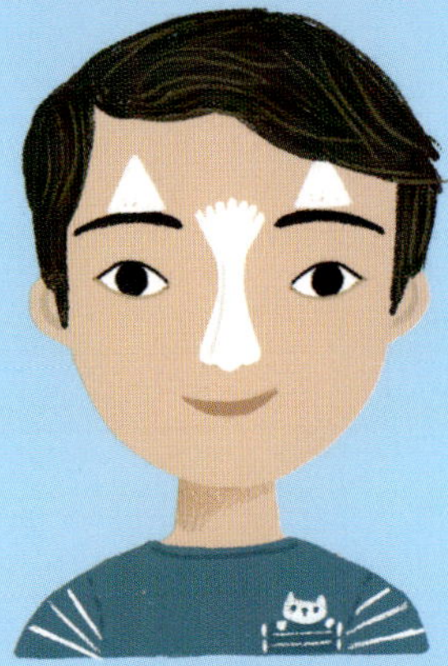

2 Male dann die Nase weiß und weiter nach oben an den Augenbrauen vorbei bis hin zur Stirn. Schließe den weißen Bereich mit einer gewellten Linie ab, wie abgebildet.

3 Trage mit einem Schwamm einen weißen Kreis um den Mund herum auf und bis hinunter zum Kinn. Spare die Lippen aus. Warte, bis die Farbe trocken ist.

4 Nimm mit einem mitteldicken, spitzen Pinsel schwarze Farbe auf. Male um alle weißen Bereiche herum und bedecke das Gesicht mit schwarzer Farbe. Lass die Farbe trocknen.

5 Male die Nasenspitze mit rosa Farbe an. Ziehe mit einem feinen Pinsel eine silberne Linie zwischen Nase und Lippen. Male die Lippen silbern an und füge sechs Schnurrhaare hinzu.

Du brauchst diese Farben:

Hund

1 Trage mit einem Schwamm eine Schnauzenform um Nase, Mund und Kinn auf.

2 Trage mit einem weiteren Schwamm einen großen braunen Fleck um ein geschlossenes Auge auf. Die Form kann ruhig ungleichmäßig sein.

3 Nimm mit einem mitteldicken Pinsel schwarze Farbe auf. Male die obere Lippe an. Dann male ein abgerundetes Dreieck auf die Nase. Ziehe eine Linie von der Nase zur Oberlippe. Ergänze je drei Punkte rechts und links.

4 Male mit einem mitteldicken, spitzen Pinsel eine rosafarbene Zunge auf Unterlippe und Kinn. Ziehe in der Mitte der Zunge eine dünne rote Linie nach unten.

Du brauchst diese Farben:

Pirat

1 Nimm mit einem spitzen Pinsel rote Farbe auf. Male eine Linie schräg über die Stirn. Male den oberen Bereich rot aus. Drücke den Pinsel zweimal seitlich auf, um den Knoten zu malen.

2 Wenn die rote Farbe getrocknet ist, nimmst du mit einem mitteldicken, spitzen Pinsel reichlich weiße Farbe auf. Tupfe mit der Pinselspitze viele kleine Punkte ins Rot.

3 Nimm mit einem mitteldicken Pinsel schwarze Farbe auf. Ziehe eine Linie von kurz oberhalb des Knotens an der Augenbraue entlang bis zur Schläfe. Male eine Augenklappe um das Auge.

4 Male mit einem feinen Pinsel links und rechts einen schwarzen Bart über die Lippe und ein langgestrecktes Dreieck auf das Kinn.

5 Male mit einem feinen Pinsel eine schwarze Linie über die Wange. Ziehe für eine Narbe einige kurze Linien über die Mittellinie.

Du brauchst diese Farben:

Hai

1 Nimm mit einem spitzen Pinsel blaue Farbe auf. Male eine langgezogene Tropfenform von Stirn bis Mund, wie abgebildet. Die Form endet am äußeren Rand der Lippen.

2 Lass die Farbe trocknen. Tupfe mit einem Schwamm weiße Farbe auf den Bauch des Hais. Wische überschüssige weiße Farbe mit einem feuchten Tuch vom Gesicht. Lass die Farbe trocknen.

3 Nimm mit einem spitzen Pinsel blaue Farbe auf. Male eine spitze Finne auf den Rücken des Hais, eine große und eine kleine Flosse an den Schwanz und zwei spitze Flossen an den Bauch.

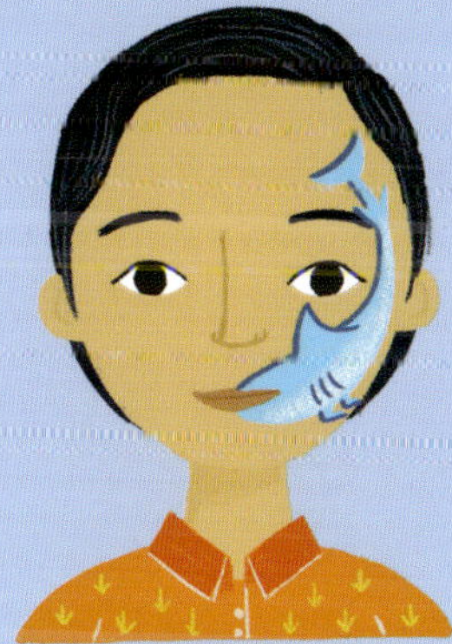

4 Nimm mit einem feinen Pinsel dunkelblaue Farbe auf. Umrande damit den Rücken des Hais und die unteren Flossen, wie abgebildet. Füge für die Kiemen drei bogenförmige Linien hinzu.

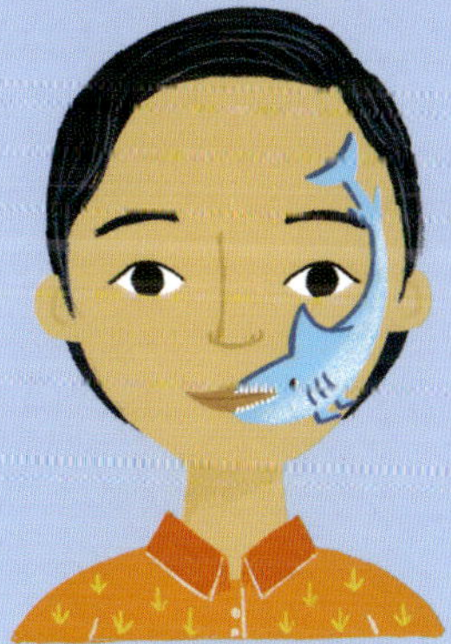

5 Male einen schwarzen Punkt als Auge auf. Lass die Farbe trocknen. Nimm mit einem feinen Pinsel weiße Farbe auf. Male einen Punkt in das Auge. Füge für die Zähne viele spitze Striche hinzu.

Du brauchst diese Farben:

Panda

1 Trage mit einem Schwamm weiße Farbe auf das Gesicht auf. Spare dabei um die Augen herum große, leicht schräge Ovale aus. Warte, bis die Farbe getrocknet ist.

2 Nimm mit einem mitteldicken, spitzen Pinsel schwarze Farbe auf. Male nach unten abfallende Ovale um die geschlossenen Augen. Male dann die Nasenspitze wie abgebildet an.

3 Male zwei Halbkreise für die Ohren an den oberen Rand des weißen Bereichs. Male die Lippen schwarz an und ziehe eine Linie von dort bis zur Nase hoch.

4 Nimm mit einem feinen Pinsel weiße Farbe auf. Male am oberen und am unteren Rand des weißen Bereichs viele dünne, sehr kurze Striche für das Fell.

5 Nimm mit einem feinen Pinsel schwarze Farbe auf und male auch unten an die Augenflecke kurze, dünne Striche für das Fell.

Tiger

1 Trage mit einem Schwamm weiße Farbe um den Mund auf. Füge über den Augen schräg nach oben zeigende Dreiecke hinzu (siehe Seite 5).

2 Lass die weiße Farbe trocknen. Trage mit einem Schwamm orange Farbe auf den Rest des Gesichts auf, auch oberhalb der weiß gemalten Bereiche.

3 Nimm mit einem mitteldicken Pinsel schwarze Farbe auf. Male eine senkrechte Linie in die Mitte der Stirn. Sie sollte oben und unten dünner werden.

4 Male zwei geschwungene Linien rechts und links auf die Stirn, zwei geschwungene Linien um jedes Auge und drei Linien auf die Wangen.

5 Male die Lippen und die Nasenspitze mit einem feinen Pinsel schwarz an. Füge drei Linien von der Nase nach unten zu den Lippen hinzu.

Du brauchst diese Farben:

Schmetterling

1 Trage mit einem Schwamm gelbe Flügel oberhalb und unterhalb der Augen auf (siehe Seite 5). Lass die Farbe trocknen.

2 Trage mit einem Schwamm orange Farbe am äußeren Ende der Dreiecke auf. Tupfe mit einem trockenen Schwamm über die Verbindungslinie von Orange und Gelb, um die Farben etwas zu vermischen.

3 Nimm mit einem feinen Pinsel schwarze Farbe auf. Ziehe eine Linie von der Stirn hinunter zur Nase. Drücke den Pinsel erst fest auf, dann verringere den Druck. Male zwei Fühler darüber.

4 Male an den inneren Seiten der Flügel vier diagonale Linien. Ziehe die Linien von außen nach innen. Füge bogenförmige Linien außen an den Flügeln hinzu.

Du brauchst diese Farben:

5 Male mit der Pinselspitze je drei Punkte in die oberen und unteren Ecken der Flügel, wie abgebildet.

Andere Tierchen

Male grüne Kreise für den Körper der Raupe. Füge kleine gelbe Bögen hinzu. Es macht nichts, wenn Gelb und Grün sich etwas vermischen. Male kleine schwarze Fühler, Beine, Augen und einen Mund.

Male einen großen Bogen über jedes Auge, der über die Augenbrauen reicht. Nachdem die Farbe getrocket ist, male einen schwarzen Halbkreis zwischen die Bögen. Füge kleine schwarze Fühler und Punkte hinzu.

Male kleine gelbe, ovale Bienenkörper. Nimm mit einem spitzen Pinsel hellblaue Farbe auf. Tupfe mit der Seite des Pinsels Flügel auf. Male dünne schwarze Streifen, Augen und Fluglinien.

Male mit einem feinen Pinsel Reihen von dunkelblauen Punkten, die immer kleiner werden. Füge kleine blaue Fühler hinzu. Male blaugrüne Blütenblätterformen für die Flügel, wie bei den Bienen.

Male einen hellvioletten Fleck für das Schneckenhaus, dann einen grünen Schneckenkörper. Male in dunkelvioletter Farbe eine feine Spirale auf das Haus. Füge mit hellblauer Farbe eine Spur hinzu.

Ziehe von einem Punkt fünf Linien schräg nach außen. Ergänze dazwischen viele kleine Bögen. Male einen großen Kreis für den Körper der Spinne und einen kleinen Kreis für ihren Kopf. Füge Beine und einen Faden hinzu.

Rakete

1 Male mit einem Schwamm ein liegendes, spiegelverkehrtes S in zwei Blautönen auf das Gesicht. Fange über einem Auge an und ende am Kinn, wie abgebildet.

2 Warte, bis die Farbe getrocknet ist. Nimm mit einem mitteldicken Pinsel weiße Farbe auf und male eine Rakete auf die Stirn. Male kurvige Flugstreifen in das blaue S.

Du brauchst diese Farben:

3 Warte, bis die weiße Farbe getrocknet ist. Nimm mit einem feinen Pinsel schwarze Farbe auf. Male drei Fenster, zwei Seitenflossen und zwei Heckflossen an die Rakete.

4 Trage mit einem Schwamm einen orangefarbenen Kreis auf die Wange auf. Lass die Farbe trocknen. Male mit einem feinen Pinsel einen gelben Ring um und bogenförmige Linien auf den Kreis.

5 Male weiße, orangefarbene und gelbe Punkte und Funkelsterne in das blaue S. Folge dafür den Anleitungen auf Seite 11.

Außerirdischer

1 Male mit einem Schwamm oder Pinsel je einen grünen Kreis um die geschlossenen Augen. Male dabei bis über die Augenbrauen, wie abgebildet.

2 Nimm mit einem feinen Pinsel weiße Farbe auf. Male zwei weiße Augen auf die Stirn. Warte, bis die Farbe getrocknet ist.

3 Nimm mit einem feinen Pinsel grüne Farbe auf. Male Kreise um die weißen Augenformen. Male die Nase grün an. Ziehe Linien von den Kreisen nach unten.

Du brauchst diese Farben:

4 Male in der Augenfarbe deines Modells einen Punkt in die Mitte der Augen. Nachdem die Farbe getrocknet ist, male mit einem feinen Pinsel schwarze Pupillen und einen Mund auf die Nase.

5 Wenn du möchtest, kannst du noch Punkte und Funkelsterne auf das Gesicht malen (siehe Seite 11).

Eule

1 Male mit einem Schwamm einen gelben Kreis um jedes Auge bis über die Augenbrauen. Bitte dein Modell, dafür die Augen zu schließen.

2 Nimm mit einem mitteldicken, spitzen Pinsel blaue Farbe auf. Male über jeden Kreis ein Dreieck. Ziehe zwischen den Dreiecken eine Linie. Male den Bereich darunter bis zur Mitte der Nase blau aus.

3 Nimm mit einem mitteldicken, spitzen Pinsel rote Farbe auf und male ein Dreieck auf den unteren Teil der Nase für den Schnabel.

Du brauchst diese Farben:

4 Nimm nun hellblaue Farbe auf. Drücke den Pinsel seitlich auf und male Blütenblattformen um die gelben Kreise.

5 Füge auf den Wangen und den blauen Dreiecken weitere Blütenblattformen hinzu, wie abgebildet.

Dinosaurier

1 Trage mit einem Schwamm grüne Farbe auf das Gesicht auf, bis über die Augenbrauen und so, dass Augen, Nase und Lippen bedeckt sind.

2 Nimm mit einem mitteldicken, spitzen Pinsel grüne Farbe auf. Male mehrere Spitzen an den Rand des grünen Gesichts. Tupfe mit einem Schwamm etwas gelbe Farbe um den Mund.

3 Lass die Farbe trocknen. Nimm dann mit einem mitteldicken, spitzen Pinsel weiße Farbe auf. Male ein Horn auf die Nase und je ein Horn über die Augenbrauen.

4 Nimm mit einem feinen Pinsel dunkelgrüne Farbe auf. Male mehrere Flecke auf Stirn, Wangen und Kinn, wie abgebildet.

5 Nimm mit einem feinen Pinsel schwarze Farbe auf. Male eine gebogene Linie an den unteren Rand der Hörner und dünne Striche, die von dieser Linie nach oben führen.

Du brauchst diese Farben:

Eiskristalle

1 Tupfe mit einem Schwamm einen blauen Kreis auf die Stirn. Trage mit einem Tropfenschwamm (siehe Seite 5) jeweils ein blaues Dreieck oberhalb der Augenbrauen und unterhalb der Augen auf. Verbinde die Dreiecke.

2 Lass die Farbe trocknen. Ziehe mit einem Pinsel und reichlich weißer Farbe eine senkrechte Linie nach unten durch den Kreis. Male dann ein X in den Kreis. Füge an den Enden V-förmige Linien hinzu.

Du brauchst diese Farben:

3 Male eine weiße Schnörkellinie über jede Augenbraue. Setze den Pinsel an den äußeren Augenwinkeln seitlich auf und male jeweils drei Blütenblätterformen.

4 Male mit der Pinselspitze eine Reihe von Punkten unter jedes Auge. Füge Funkelsterne und zusätzliche Punkte hinzu (siehe Seite 11).

Rentier

1 Trage mit einem Schwamm bis kurz oberhalb der Augenbrauen braune Farbe auf die Stirn sowie auf die oberen Wangen auf.

2 Trage mit einem Schwamm weiße Farbe auf die geschlossenen Augen und die Augenbrauen und dann einen weißen Kreis auf Oberlippe, Mund und Kinn auf.

3 Nimm mit einem spitzen Pinsel weiße Farbe auf und drücke ihn seitlich auf die Wangen, wie abgebildet. Male mit der Pinselspitze Punkte auf die Stirn.

4 Ziehe je eine dunkelbraune Linie über die Augenbrauen. Füge nach oben zeigende Enden hinzu. Male einen roten Punkt auf die Nasenspitze.

Du brauchst diese Farben:

Galerie der Motive

Regenbogen, S. 6

Superheld, S. 8

Mehr Superhelden, S. 9

Blumen, S. 10

Gruseliger Totenkopf, S. 12

Niedlicher Totenkopf, S. 13

Fledermaus, S. 14

Hexe, S. 15

Roboter, S. 16

Einhorn, S. 17

Katze, S. 18

Hund, S.19

Pirat, S. 20

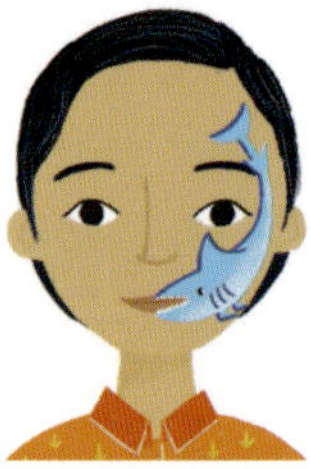
Hai, S. 21

Panda, S. 22

Tiger, S. 23

Schmetterling, S. 24

Andere Tierchen, S. 25

Rakete, S. 26

Außerirdischer, S. 27

Eule, S. 28

Dinosaurier, S. 29

Eiskristalle, S. 30

Rentier, S. 31